PREFAZIONE

La raccolta di frasari da viaggio "Andrà tutto bene!" pubblicati da T&P Books è destinata a coloro che viaggiano all'estero per turismo e per motivi professionali. I frasari contengono ciò che conta di più - gli elementi essenziali per la comunicazione di base. Questa è un'indispensabile serie di frasi utili per "sopravvivere" durante i soggiorni all'estero.

Questo frasario potrà esservi di aiuto nella maggior parte dei casi in cui dovrete chiedere informazioni, ottenere indicazioni stradali, domandare quanto costa qualcosa, ecc. Risulterà molto utile per risolvere situazioni dove la comunicazione è difficile e i gesti non possono aiutarci.

Questo libro contiene molte frasi che sono state raggruppate a seconda degli argomenti più importanti. Inoltre, troverete un mini dizionario con i vocaboli più utili - i numeri, le ore, il calendario, i colori ...

Durante i vostri viaggi portate con voi il frasario "Andrà tutto bene!" e disporrete di un insostituibile compagno di viaggio che vi aiuterà nei momenti di difficoltà e vi insegnerà a non avere paura di parlare in un'altra lingua straniera.

INDICE

Pronuncia	5
Lista delle abbreviazioni	8
Frasario Italiano-Inglese	9
Mini dizionario	73

T&P Books Publishing

La raccolta di frasari da viaggio
"Andrà tutto bene!"

T&P Books Publishing

FRASARIO
INGLESE

I TERMINI E LE ESPRESSIONI PIÙ UTILI

Questo frasario contiene
espressioni e domande
di uso comune che
risulteranno utili
per intraprendere
conversazioni di base
con gli stranieri

Andrey Taranov

Frasario + dizionario da 250 vocaboli

Frasario Italiano-Inglese e mini dizionario da 250 vocaboli

Di Andrey Taranov

La raccolta di frasari da viaggio "Andrà tutto bene!" pubblicati da T&P Books è destinata a coloro che viaggiano all'estero per turismo e per motivi professionali. I frasari contengono ciò che conta di più - gli elementi essenziali per la comunicazione di base. Questa è un'indispensabile serie di frasi utili per "sopravvivere" durante i soggiorni all'estero.

In aggiunta troverete un mini dizionario con 250 vocaboli che risulteranno utili nelle conversazioni di tutti i giorni - i nomi dei mesi e dei giorni della settimana, le unità di misura, i membri della famiglia e molto altro.

Copyright © 2018 T&P Books Publishing

Tutti i diritti riservati. Nessuna parte del presente volume può essere riprodotta o trasmessa in qualsiasi forma o con qualsiasi mezzo elettronico, meccanico, fotocopie, registrazioni o riproduzioni senza l'autorizzazione scritta dell'editore.

T&P Books Publishing
www.tpbooks.com

ISBN: 978-1-78492-669-4

Questo libro è disponibile anche in formato e-book.
Visitate il sito www.tpbooks.com o le principali librerie online.

PRONUNCIA

Lettera	Esempio inglese americano	Alfabeto fonetico T&P	Esempio italiano

Vocali

a	age	[eɪ]	seicento
a	bag	[æ]	spremifrutta
a	car	[ɑ:]	scusare
a	care	[eə]	Via Lattea
e	meat	[i:]	scacchi
e	pen	[e]	meno, leggere
e	verb	[ɜ]	oblò
e	here	[ɪə]	carie
i	life	[aj]	marinaio
i	sick	[ɪ]	tattica
i	girl	[ø]	oblò
i	fire	[ajə]	rotaie
o	rose	[əʊ]	europeo
o	shop	[ɒ]	hall
o	sport	[ɔ:]	coordinare
o	ore	[ɔ:]	coordinare
u	to include	[u:]	discutere
u	sun	[ʌ]	fare
u	church	[ɜ]	oblò
u	pure	[ʊə]	quest'anno
y	to cry	[aj]	marinaio
y	system	[ɪ]	tattica
y	Lyre	[ajə]	rotaie
y	party	[ɪ]	tattica

Consonanti

b	bar	[b]	bianco
c	city	[s]	sapere
c	clay	[k]	cometa
d	day	[d]	doccia
f	face	[f]	ferrovia
g	geography	[dʒ]	piangere

Lettera	Esempio inglese americano	Alfabeto fonetico T&P	Esempio italiano
g	glue	[g]	guerriero
h	home	[h]	[h] aspirate
j	joke	[dʒ]	piangere
k	king	[k]	cometa
l	love	[l]	saluto
m	milk	[m]	mostra
n	nose	[n]	notte
p	pencil	[p]	pieno
q	queen	[k]	cometa
r	rose	[r]	ritmo, raro
s	sleep	[s]	sapere
s	please	[z]	rosa
s	pleasure	[ʒ]	beige
t	table	[t]	tattica
v	velvet	[v]	volare
w	winter	[w]	week-end
x	ox	[ks]	taxi
x	exam	[gz]	inglese - exam
z	azure	[ʒ]	beige
z	zebra	[z]	rosa

Combinazioni di lettere

ch	China	[tʃ]	cinque
ch	chemistry	[k]	cometa
ch	machine	[ʃ]	ruscello
sh	ship	[ʃ]	ruscello
th	weather	[ð]	come [z] ma con la lingua fra i denti
th	tooth	[θ]	Toscana (dialetto toscano)
ph	telephone	[f]	ferrovia
ck	black	[k]	cometa
ng	ring	[ŋ]	fango
ng	English	[ŋ]	fango
wh	white	[w]	week-end
wh	whole	[h]	[h] aspirate
wr	wrong	[r]	ritmo, raro
gh	enough	[f]	ferrovia
gh	sign	[n]	notte
kn	knife	[n]	notte
qu	question	[kv]	subacqueo
tch	catch	[tʃ]	cinque
oo+k	book	[ʊ]	prugno
oo+r	door	[ɔ:]	coordinare
ee	tree	[i:]	scacchi
ou	house	[aʊ]	autunno

Lettera	Esempio inglese americano	Alfabeto fonetico T&P	Esempio italiano
ou+r	our	[auə]	inglese - flour
ay	today	[eɪ]	seicento
ey	they	[eɪ]	seicento

LISTA DELLE ABBREVIAZIONI

Italiano. Abbreviazioni

agg	-	aggettivo
anim.	-	animato
avv	-	avverbio
cong	-	congiunzione
ecc.	-	eccetera
f	-	sostantivo femminile
f pl	-	femminile plurale
fem.	-	femminile
form.	-	formale
inanim.	-	inanimato
inform.	-	familiare
m	-	sostantivo maschile
m pl	-	maschile plurale
m, f	-	maschile, femminile
masc.	-	maschile
mil.	-	militare
pl	-	plurale
pron	-	pronome
qc	-	qualcosa
qn	-	qualcuno
sing.	-	singolare
v aus	-	verbo ausiliare
vi	-	verbo intransitivo
vi, vt	-	verbo intransitivo, transitivo
vr	-	verbo riflessivo
vt	-	verbo transitivo

Inglese americano. Abbreviazioni

v aux	-	verbo ausiliare
vi	-	verbo intransitivo
vi, vt	-	verbo intransitivo, transitivo
vt	-	verbo transitivo

FRASARIO INGLESE

Questa sezione contiene frasi importanti che potranno rivelarsi utili in varie situazioni di vita quotidiana. Il frasario vi sarà di aiuto per chiedere indicazioni, chiarire il prezzo di qualcosa, comprare dei biglietti e ordinare pietanze in un ristorante

T&P Books Publishing

INDICE DEL FRASARIO

Il minimo indispensabile	12
Domande	15
Necessità	16
Come chiedere indicazioni	18
Segnaletica	20
Mezzi di trasporto - Frasi generiche	22
Acquistando un biglietto	24
Autobus	26
Treno	28
Sul treno - Dialogo (Senza il biglietto)	29
Taxi	30
Hotel	32
Al Ristorante	35
Shopping	37
In città	39
Soldi	41

Le ore	43
Saluti - Presentazione	45
Saluti di commiato	47
Lingua straniera	49
Chiedere scusa	50
Essere d'accordo	51
Diniego. Esprimere incertezza	52
Esprimere gratitude	54
Congratulazioni. Auguri	55
Socializzare	56
Comunicare impressioni ed emozioni	59
Problemi. Incidenti	61
Problemi di salute	64
In farmacia	67
Il minimo indispensabile	69

T&P Books Publishing

Il minimo indispensabile

Mi scusi, ...
Excuse me, ...
[ɪk'skju:z mi:, ...]

Buongiorno.
Hello.
[hə'ləʊ]

Grazie.
Thank you.
[θæŋk ju]

Arrivederci.
Good bye.
[gʊd baɪ]

Sì.
Yes.
[jes]

No.
No.
[nəʊ]

Non lo so.
I don't know.
[aɪ dəʊnt nəʊ]

Dove? | Dove? (~ stai andando?) | Quando?
Where? | Where to? | When?
[weə? | weə tu:? | wen?]

Ho bisogno di ...
I need ...
[aɪ ni:d ...]

Voglio ...
I want ...
[aɪ wɒnt ...]

Avete ...?
Do you have ...?
[də ju hɛv ...?]

C'è un /una/ ... qui?
Is there a ... here?
[ɪz ðər ə ... hɪə?]

Posso ...?
May I ...?
[meɪ aɪ ...?]

per favore
..., please
[..., pli:z]

Sto cercando ...
I'm looking for ...
[aɪm 'lʊkɪŋ fə ...]

il bagno
restroom
['restru:m]

un bancomat
ATM
[eɪti:'em]

una farmacia
pharmacy, drugstore
['fɑ:məsi, 'drʌgstɔ:]

un ospedale
hospital
['hɒspɪtl]

la stazione di polizia
police station
[pə'li:s 'steɪʃn]

la metro
subway
['sʌbweɪ]

un taxi	**taxi** [ˈtæksi]
la stazione (ferroviaria)	**train station** [treɪn ˈsteɪʃn]

Mi chiamo ...	**My name is ...** [maɪ ˈneɪm ɪz ...]
Come si chiama?	**What's your name?** [wɒts jɔː ˈneɪm?]
Mi può aiutare, per favore?	**Could you please help me?** [kəd ju pliːz help miː?]
Ho un problema.	**I've got a problem.** [av gɒt ə ˈprɒbləm]
Mi sento male.	**I don't feel well.** [aɪ dəʊnt fiːl wel]
Chiamate l'ambulanza!	**Call an ambulance!** [kɔːl ən ˈæmbjələns!]
Posso fare una telefonata?	**May I make a call?** [meɪ aɪ ˈmeɪk ə kɔːl?]

Mi dispiace.	**I'm sorry.** [aɪm ˈsɒri]
Prego.	**You're welcome.** [jʊə ˈwelkəm]

io	**I, me** [aɪ, mi]
tu	**you** [ju]
lui	**he** [hi]
lei	**she** [ʃi]
loro (m)	**they** [ðeɪ]
loro (f)	**they** [ðeɪ]
noi	**we** [wi]
voi	**you** [ju]
Lei	**you** [ju]

ENTRATA	**ENTRANCE** [ˈentrɑːns]
USCITA	**EXIT** [ˈeksɪt]
FUORI SERVIZIO	**OUT OF ORDER** [aʊt əv ˈɔːdə]
CHIUSO	**CLOSED** [kləʊzd]

APERTO	**OPEN** [ˈəʊpən]
DONNE	**FOR WOMEN** [fə ˈwɪmɪn]
UOMINI	**FOR MEN** [fə men]

Domande

Dove?	**Where?** [weə?]
Dove? (~ stai andando?)	**Where to?** [weə tuː?]
Da dove?	**Where from?** [weə frɒm?]
Perchè?	**Why?** [waɪ?]
Per quale motivo?	**Why?** [waɪ?]
Quando?	**When?** [wen?]

Per quanto tempo?	**How long?** [haʊ 'lɒŋ?]
A che ora?	**At what time?** [ət wɒt 'taɪm?]
Quanto?	**How much?** [haʊ 'mʌtʃ?]
Avete ...?	**Do you have ...?** [də ju hɛv ...?]
Dov'e ...?	**Where is ...?** [weə ɪz ...?]

Che ore sono?	**What time is it?** [wɒt taɪm ɪz ɪt?]
Posso fare una telefonata?	**May I make a call?** [meɪ aɪ meɪk ə kɔːl?]
Chi è?	**Who's there?** [huːz ðeə?]
Si può fumare qui?	**Can I smoke here?** [kən aɪ sməʊk hɪə?]
Posso ...?	**May I ...?** [meɪ aɪ ...?]

Necessità

Vorrei ...	**I'd like ...** [aɪd 'laɪk ...]
Non voglio ...	**I don't want ...** [aɪ dəʊnt wɒnt ...]
Ho sete.	**I'm thirsty.** [aɪm 'θɜːsti]
Ho sonno.	**I want to sleep.** [aɪ wɒnt tə sliːp]

Voglio ...	**I want ...** [aɪ wɒnt ...]
lavarmi	**to wash up** [tə wɒʃ ʌp]
lavare i denti	**to brush my teeth** [tə brʌʃ maɪ tiːθ]
riposae un po'	**to rest a while** [tə rest ə waɪl]
cambiare i vestiti	**to change my clothes** [tə tʃeɪndʒ maɪ kləʊðz]

tornare in albergo	**to go back to the hotel** [tə gəʊ 'bæk tə ðə həʊ'tel]
comprare ...	**to buy ...** [tə baɪ ...]
andare a ...	**to go to ...** [tə gəʊ tə ...]
visitare ...	**to visit ...** [tə 'vɪzɪt ...]
incontrare ...	**to meet with ...** [tə miːt wɪð ...]
fare una telefonata	**to make a call** [tə meɪk ə kɔːl]

Sono stanco.	**I'm tired.** [aɪm 'taɪəd]
Siamo stanchi.	**We are tired.** [wi ə 'taɪəd]
Ho freddo.	**I'm cold.** [aɪm kəʊld]
Ho caldo.	**I'm hot.** [aɪm hɒt]
Sto bene.	**I'm OK.** [aɪm əʊ'keɪ]

Devo fare una telefonata.	**I need to make a call.** [aɪ niːd tə meɪk ə kɔːl]
Devo andare in bagno.	**I need to go to the restroom.** [aɪ niːd tə gəʊ tə ðə 'restruːm]
Devo andare.	**I have to go.** [aɪ hɛv tə gəʊ]
Devo andare adesso.	**I have to go now.** [aɪ hɛv tə gəʊ naʊ]

Come chiedere indicazioni

Mi scusi, ...
Excuse me, ...
[ɪk'skjuːz miː, ...]

Dove si trova ...?
Where is ...?
[weə ɪz ...?]

Da che parte è ...?
Which way is ...?
[wɪtʃ weɪ ɪz ...?]

Mi può aiutare, per favore?
Could you help me, please?
[kəd ju help miː, pliːz?]

Sto cercando ...
I'm looking for ...
[aɪm 'lʊkɪŋ fə ...]

Sto cercando l'uscita.
I'm looking for the exit.
[aɪm 'lʊkɪŋ fə ðɪ 'eksɪt]

Sto andando a ...
I'm going to ...
[aɪm 'gəʊɪŋ tə ...]

Sto andando nella direzione giusta per ...?
Am I going the right way to ...?
[əm aɪ 'gəʊɪŋ ðə raɪt 'weɪ tə ...?]

E' lontano?
Is it far?
[ɪz ɪt fɑː?]

Posso andarci a piedi?
Can I get there on foot?
[kən aɪ get ðər ɒn fʊt?]

Può mostrarmi sulla piantina?
Can you show me on the map?
[kən ju ʃəʊ miː ɒn ðə mæp?]

Può mostrarmi dove ci troviamo adesso.
Show me where we are right now.
[ʃəʊ miː weə wi ə raɪt naʊ]

Qui
Here
[hɪə]

Là
There
[ðeə]

Da questa parte
This way
[ðɪs weɪ]

Giri a destra.
Turn right.
[tɜːn raɪt]

Giri a sinistra.
Turn left.
[tɜːn left]

La prima (la seconda, la terza) strada
first (second, third) turn
[fɜːst ('sekənd, θɜːd) tɜːn]

a destra	**to the right** [tə ðə raɪt]
a sinistra	**to the left** [tə ðə left]
Vada sempre dritto.	**Go straight.** [gəʊ streɪt]

Segnaletica

BENVENUTO!	**WELCOME!** ['welkəm!]
ENTRATA	**ENTRANCE** ['entrɑːns]
USCITA	**EXIT** ['eksɪt]

SPINGERE	**PUSH** [pʊʃ]
TIRARE	**PULL** [pʊl]
APERTO	**OPEN** ['əʊpən]
CHIUSO	**CLOSED** [kləʊzd]

DONNE	**FOR WOMEN** [fə 'wɪmɪn]
UOMINI	**FOR MEN** [fə men]
BAGNO UOMINI	**MEN, GENTS** [men, dʒents]
BAGNO DONNE	**WOMEN, LADIES** ['wɪmɪn, 'leɪdɪz]

SALDI ǀ SCONTI	**DISCOUNTS** ['dɪskaʊnts]
IN SALDO	**SALE** [seɪl]
GRATIS	**FREE** [friː]
NOVITÀ!	**NEW!** [njuː!]
ATTENZIONE!	**ATTENTION!** [ə'tenʃn!]

COMPLETO	**NO VACANCIES** [nəʊ 'veɪkənsɪz]
RISERVATO	**RESERVED** [rɪ'zɜːvd]
AMMINISTRAZIONE	**ADMINISTRATION** [ədmɪnɪ'streɪʃn]
RISERVATO AL PERSONALE	**STAFF ONLY** [stɑːf 'əʊnli]

ATTENTI AL CANE!	**BEWARE OF THE DOG!**	[bɪ'weər əv ðə dɒg!]
VIETATO FUMARE	**NO SMOKING!**	[nəʊ 'sməʊkɪŋ!]
NON TOCCARE	**DO NOT TOUCH!**	[də nɒt tʌtʃ!]
PERICOLOSO	**DANGEROUS**	['deɪndʒərəs]
PERICOLO	**DANGER**	['deɪndʒə]
ALTA TENSIONE	**HIGH VOLTAGE**	[haɪ 'vəʊltɪdʒ]
DIVIETO DI BALNEAZIONE	**NO SWIMMING!**	[nəʊ 'swɪmɪŋ!]
FUORI SERVIZIO	**OUT OF ORDER**	[aʊt əv 'ɔːdə]
INFIAMMABILE	**FLAMMABLE**	['flæməbl]
VIETATO	**FORBIDDEN**	[fə'bɪdn]
VIETATO L'ACCESSO	**NO TRESPASSING!**	[nəʊ 'trespəsɪŋ!]
PITTURA FRESCA	**WET PAINT**	[wet peɪnt]
CHIUSO PER RESTAURO	**CLOSED FOR RENOVATIONS**	[kləʊzd fə renə'veɪʃnz]
LAVORI IN CORSO	**WORKS AHEAD**	['wɜːks ə'hed]
DEVIAZIONE	**DETOUR**	['diːtʊə]

Mezzi di trasporto - Frasi generiche

aereo	**plane** ['pleɪn]
treno	**train** [treɪn]
autobus	**bus** [bʌs]
traghetto	**ferry** ['feri]
taxi	**taxi** ['tæksi]
macchina	**car** [kɑː]

orario	**schedule** ['ʃedjuːl]
Dove posso vedere l'orario?	**Where can I see the schedule?** [weə kən aɪ siː ðə 'ʃedjuːl?]
giorni feriali	**workdays** ['wɜːkdeɪz]
giorni di festa (domenica)	**weekends** [wiːk'endz]
giorni festivi	**holidays** ['hɒlədeɪz]

PARTENZA	**DEPARTURE** [dɪ'pɑːtʃə]
ARRIVO	**ARRIVAL** [ə'raɪvl]
IN RITARDO	**DELAYED** [dɪ'leɪd]
CANCELLATO	**CANCELED** ['kænsəld]

il prossimo (treno, ecc.)	**next** [nɛkst]
il primo	**first** [fɜːst]
l'ultimo	**last** [lɑːst]

Quando è il prossimo ...?	**When is the next ...?** [wen ɪz ðə nɛkst ...?]
Quando è il primo ...?	**When is the first ...?** [wen ɪz ðə fɜːst ...?]

Quando è l'ultimo ...?	**When is the last ...?** [wen ɪz ðə lɑːst ...?]
scalo	**transfer** ['trænsfɜː]
effettuare uno scalo	**to make a transfer** [tə meɪk ə 'trænsfɜː]
Devo cambiare?	**Do I need to make a transfer?** [də aɪ niːd tə meɪk ə 'trænsfɜː?]

Acquistando un biglietto

Dove posso comprare i biglietti?	**Where can I buy tickets?** [weə kən aɪ baɪ 'tɪkɪts?]
biglietto	**ticket** ['tɪkɪt]
comprare un biglietto	**to buy a ticket** [tə baɪ ə 'tɪkɪt]
il prezzo del biglietto	**ticket price** ['tɪkɪt praɪs]

Dove?	**Where to?** [weə tu:?]
In quale stazione?	**To what station?** [tə wɒt steɪʃn?]
Avrei bisogno di ...	**I need ...** [aɪ ni:d ...]
un biglietto	**one ticket** [wʌn 'tɪkɪt]
due biglietti	**two tickets** [tu: 'tɪkɪts]
tre biglietti	**three tickets** [θri: 'tɪkɪts]

solo andata	**one-way** [wʌn'weɪ]
andata e ritorno	**round-trip** [rɑ:wnd trɪp]
prima classe	**first class** [fɜ:st klɑ:s]
seconda classe	**second class** ['sekənd klɑ:s]

oggi	**today** [tə'deɪ]
domani	**tomorrow** [tə'mɒrəʊ]
dopodomani	**the day after tomorrow** [ðə deɪ 'ɑ:ftə tə'mɒrəʊ]
la mattina	**in the morning** [ɪn ðə 'mɔ:nɪŋ]
nel pomeriggio	**in the afternoon** [ɪn ði ɑ:ftə'nu:n]
la sera	**in the evening** [ɪn ði 'i:vnɪŋ]

posto lato corridoio	**aisle seat** [aɪl siːt]
posto lato finestrino	**window seat** [ˈwɪndəʊ siːt]
Quanto?	**How much?** [haʊ mʌtʃ?]
Posso pagare con la carta di credito?	**Can I pay by credit card?** [kən aɪ peɪ baɪ ˈkredɪt kɑːd?]

Autobus

autobus	**bus** [bʌs]
autobus interurbano	**intercity bus** [ɪntə'sɪti bʌs]
fermata dell'autobus	**bus stop** [bʌs stɒp]
Dov'è la fermata dell'autobus più vicina?	**Where's the nearest bus stop?** [weəz ðə 'nɪərɪst bʌs stɒp?]

numero	**number** ['nʌmbə]
Quale autobus devo prendere per andare a …?	**Which bus do I take to get to …?** [wɪtʃ bʌs də aɪ teɪk tə get tə …?]
Questo autobus va a …?	**Does this bus go to …?** [dəz ðɪs bʌs gəʊ tə …?]
Qual'è la frequenza delle corse degli autobus?	**How frequent are the buses?** [haʊ frɪ'kwent ə ðə 'bʌsɪz?]

ogni 15 minuti	**every 15 minutes** ['evri fɪf'tiːn 'mɪnɪts]
ogni mezzora	**every half hour** ['evri hɑːf 'aʊə]
ogni ora	**every hour** ['evri 'aʊə]
più a volte al giorno	**several times a day** ['sevrəl taɪmz ə deɪ]
… volte al giorno	**… times a day** [… taɪmz ə deɪ]

orario	**schedule** ['ʃedjuːl]
Dove posso vedere l'orario?	**Where can I see the schedule?** [weə kən aɪ siː ðə 'ʃedjuːl?]
Quando passa il prossimo autobus?	**When is the next bus?** [wen ɪz ðə nɛkst bʌs?]
A che ora è il primo autobus?	**When is the first bus?** [wen ɪz ðə fɜːst bʌs?]
A che ora è l'ultimo autobus?	**When is the last bus?** [wen ɪz ðə lɑːst bʌs?]

fermata	**stop** [stɒp]
prossima fermata	**next stop** [nɛkst stɒp]

ultima fermata	**last stop** [lɑːst stɒp]
Può fermarsi qui, per favore.	**Stop here, please.** [stɒp hɪə, pliːz]
Mi scusi, questa è la mia fermata.	**Excuse me, this is my stop.** [ɪkˈskjuːz miː, ðɪs ɪz maɪ stɒp]

Treno

treno	**train** [treɪn]
treno locale	**suburban train** [sə'bɜ:bən treɪn]
treno a lunga percorrenza	**long-distance train** ['lɒŋdɪstəns treɪn]
stazione (~ ferroviaria)	**train station** [treɪn steɪʃn]
Mi scusi, dov'è l'uscita per il binario?	**Excuse me, where is the exit to the platform?** [ɪk'skju:z mi:, weə ɪz ði 'eksɪt tə ðə 'plætfɔ:m?]

Questo treno va a …?	**Does this train go to …?** [dəz ðɪs treɪn gəʊ tə …?]
il prossimo treno	**next train** [nɛkst treɪn]
Quando è il prossimo treno?	**When is the next train?** [wen ɪz ðə nɛkst treɪn?]
Dove posso vedere l'orario?	**Where can I see the schedule?** [weə kən aɪ si: ðə 'ʃedju:l?]
Da quale binario?	**From which platform?** [frəm wɪtʃ 'plætfɔ:m?]
Quando il treno arriva a … ?	**When does the train arrive in …?** [wen dəz ðə treɪn ə'raɪv ɪn …?]

Mi può aiutare, per favore.	**Please help me.** [pli:z help mi:]
Sto cercando il mio posto.	**I'm looking for my seat.** [aɪm 'lʊkɪŋ fə maɪ si:t]
Stiamo cercando i nostri posti.	**We're looking for our seats.** [wɪə 'lʊkɪŋ fə 'aʊə si:ts]
Il mio posto è occupato.	**My seat is taken.** [maɪ si:t ɪs 'teɪkən]
I nostri posti sono occupati.	**Our seats are taken.** ['aʊə si:ts ə 'teɪkən]

Mi scusi, ma questo è il mio posto.	**I'm sorry but this is my seat.** [aɪm 'sɒri bət ðɪs ɪz maɪ si:t]
E' occupato?	**Is this seat taken?** [ɪz ðɪs si:t 'teɪkən?]
Posso sedermi qui?	**May I sit here?** [meɪ aɪ sɪt hɪə?]

Sul treno - Dialogo (Senza il biglietto)

Biglietto per favore.	**Ticket, please.** ['tɪkɪt, pliːz]
Non ho il biglietto.	**I don't have a ticket.** [aɪ dəʊnt hɛv ə 'tɪkɪt]
Ho perso il biglietto.	**I lost my ticket.** [aɪ lɒst maɪ 'tɪkɪt]
Ho dimenticato il biglietto a casa.	**I forgot my ticket at home.** [aɪ fə'gɒt maɪ 'tɪkɪt ət həʊm]

Può acquistare il biglietto da me.
You can buy a ticket from me.
[ju kən baɪ ə 'tɪkɪt frəm miː]

Deve anche pagare una multa.
You will also have to pay a fine.
[ju wɪl 'ɔːlsəʊ hɛv tə peɪ ə faɪn]

Va bene.
Okay.
[əʊ'keɪ]

Dove va?
Where are you going?
[weər ə ju 'gəʊɪŋ?]

Vado a ...
I'm going to ...
[aɪm 'gəʊɪŋ tə ...]

Quanto? Non capisco.
How much? I don't understand.
[haʊ 'mʌtʃ? aɪ dəʊnt ʌndə'stænd]

Può scriverlo per favore.
Write it down, please.
['raɪt ɪt daʊn, pliːz]

D'accordo. Posso pagare con la carta di credito?
Okay. Can I pay with a credit card?
[əʊ'keɪ. kən aɪ peɪ wɪð ə 'krɛdɪt kɑːd?]

Si.
Yes, you can.
[jɛs, ju kæn]

Ecco la sua ricevuta.
Here's your receipt.
[hɪəz jɔː rɪ'siːt]

Mi dispiace per la multa.
Sorry about the fine.
['sɒri ə'baʊt ðə faɪn]

Va bene così. È stata colpa mia.
That's okay. It was my fault.
[ðæts əʊ'keɪ. ɪt wəz maɪ fɔːt]

Buon viaggio.
Enjoy your trip.
[ɪn'dʒɔɪ jɔː trɪp]

Taxi

taxi	**taxi** ['tæksi]
tassista	**taxi driver** ['tæksi 'draɪvə]
prendere un taxi	**to catch a taxi** [tə kætʃ ə 'tæksi]
posteggio taxi	**taxi stand** ['tæksi stænd]
Dove posso prendere un taxi?	**Where can I get a taxi?** [weə kən aɪ get ə 'tæksi?]
chiamare un taxi	**to call a taxi** [tə kɔːl ə 'tæksi]
Ho bisogno di un taxi.	**I need a taxi.** [aɪ niːd ə 'tæksi]
Adesso.	**Right now.** [raɪt naʊ]
Qual'è il suo indirizzo?	**What is your address (location)?** ['wɒts jɔːr ə'dres (ləʊ'keɪʃn)?]
Il mio indirizzo è ...	**My address is ...** [maɪ ə'dres ɪz ...]
La sua destinazione?	**Your destination?** [jɔː destɪ'neɪʃn?]
Mi scusi, ...	**Excuse me, ...** [ɪk'skjuːz miː, ...]
E' libero?	**Are you available?** [ə ju ə'veɪləbl?]
Quanto costa andare a ...?	**How much is it to get to ...?** [haʊ 'mʌtʃ ɪz ɪt tə get tə ...?]
Sapete dove si trova?	**Do you know where it is?** [də ju nəʊ weər ɪt ɪz?]
All'aeroporto, per favore.	**Airport, please.** ['eəpɔːt, pliːz]
Si fermi qui, per favore.	**Stop here, please.** [stɒp hɪə, pliːz]
Non è qui.	**It's not here.** [ɪts nɒt hɪə]
È l'indirizzo sbagliato.	**This is the wrong address.** [ðɪs ɪz ðə rɒŋ ə'dres]
Giri a sinistra.	**Turn left.** [tɜːn left]
Giri a destra.	**Turn right.** [tɜːn raɪt]

Quanto le devo?	**How much do I owe you?** [haʊ 'mʌtʃ də aɪ əʊ ju?]
Potrei avere una ricevuta, per favore.	**I'd like a receipt, please.** [aɪd laɪk ə rɪ'siːt, pliːz]
Tenga il resto.	**Keep the change.** [kiːp ðə tʃeɪndʒ]

Può aspettarmi, per favore?	**Would you please wait for me?** [wʊd ju pliːz weɪt fə miː?]
cinque minuti	**five minutes** [faɪv 'mɪnɪts]
dieci minuti	**ten minutes** [ten 'mɪnɪts]
quindici minuti	**fifteen minutes** [fɪfˈtiːn 'mɪnɪts]
venti minuti	**twenty minutes** ['twenti 'mɪnɪts]
mezzora	**half an hour** [hɑːf ən 'aʊə]

Hotel

Salve.	**Hello.** [həˈləʊ]
Mi chiamo ...	**My name is ...** [maɪ neɪm ɪz ...]
Ho prenotato una camera.	**I have a reservation.** [aɪ hɛv ə rezəˈveɪʃn]

Ho bisogno di ...	**I need ...** [aɪ niːd ...]
una camera singola	**a single room** [ə sɪŋgl ruːm]
una camera doppia	**a double room** [ə dʌbl ruːm]
Quanto costa questo?	**How much is that?** [haʊ ˈmʌtʃ ɪz ðæt?]
È un po' caro.	**That's a bit expensive.** [ðæts ə bɪt ɪkˈspensɪv]

Avete qualcos'altro?	**Do you have anything else?** [du juː hæv ˈeniθɪŋ els?]
La prendo.	**I'll take it.** [aɪl teɪk ɪt]
Pago in contanti.	**I'll pay in cash.** [aɪl peɪ ɪn kæʃ]

Ho un problema.	**I've got a problem.** [aɪv gɒt ə ˈprɒbləm]
Il mio ... è rotto.	**My ... is broken.** [maɪ ... ɪz ˈbrəʊkən]
Il mio ... è fuori servizio.	**My ... is out of order.** [maɪ ... ɪz aʊt əv ˈɔːdə]
televisore	**TV** [tiːˈviː]
condizionatore	**air conditioner** [eə kənˈdɪʃənə]
rubinetto	**tap** [tæp]

doccia	**shower** [ˈʃaʊə]
lavandino	**sink** [sɪŋk]
cassaforte	**safe** [seɪf]

serratura	**door lock** [dɔː lɒk]
presa elettrica	**electrical outlet** [ɪˈlektrɪkl ˈaʊtlet]
asciugacapelli	**hairdryer** [ˈheədraɪə]

Non ho ...	**I don't have ...** [aɪ ˈdəʊnt hɛv ...]
l'acqua	**water** [ˈwɔːtə]
la luce	**light** [laɪt]
l'elettricità	**electricity** [ɪlekˈtrɪsɪti]

Può darmi ...?	**Can you give me ...?** [kən ju ɡɪv miː ...?]
un asciugamano	**a towel** [ə ˈtaʊəl]
una coperta	**a blanket** [ə ˈblæŋkɪt]
delle pantofole	**slippers** [ˈslɪpəz]
un accappatoio	**a robe** [ə rəʊb]
dello shampoo	**shampoo** [ʃæmˈpuː]
del sapone	**soap** [səʊp]

Vorrei cambiare la camera.	**I'd like to change rooms.** [aɪd laɪk tə tʃeɪndʒ ruːmz]
Non trovo la chiave.	**I can't find my key.** [aɪ kɑːnt faɪnd maɪ kiː]
Potrebbe aprire la mia camera, per favore?	**Could you open my room, please?** [kəd ju ˈəʊpən maɪ ruːm, pliːz?]
Chi è?	**Who's there?** [huːz ðeə?]
Avanti!	**Come in!** [kʌm ˈɪn!]
Un attimo!	**Just a minute!** [dʒəst ə ˈmɪnɪt!]
Non adesso, per favore.	**Not right now, please.** [nɒt raɪt naʊ, pliːz]

Può venire nella mia camera, per favore.	**Come to my room, please.** [kʌm tə maɪ ruːm, pliːz]
Vorrei ordinare qualcosa da mangiare.	**I'd like to order food service.** [aɪd laɪk tu ˈɔːdə fuːd ˈsɜːvɪs]
Il mio numero di camera è ...	**My room number is ...** [maɪ ruːm ˈnʌmbə ɪz ...]

Parto ...	**I'm leaving ...** [aɪm 'liːvɪŋ ...]
Partiamo ...	**We're leaving ...** [wɪə 'liːvɪŋ ...]
adesso	**right now** [raɪt naʊ]
questo pomeriggio	**this afternoon** [ðɪs ɑːftə'nuːn]
stasera	**tonight** [tə'naɪt]
domani	**tomorrow** [tə'mɒrəʊ]
domani mattina	**tomorrow morning** [tə'mɒrəʊ 'mɔːnɪŋ]
domani sera	**tomorrow evening** [tə'mɒrəʊ 'iːvnɪŋ]
dopodomani	**the day after tomorrow** [ðə deɪ 'ɑːftə tə'mɒrəʊ]

Vorrei pagare.	**I'd like to pay.** [aɪd 'laɪk tə peɪ]
È stato tutto magnifico.	**Everything was wonderful.** ['evrɪθɪŋ wəz 'wʌndəfəl]
Dove posso prendere un taxi?	**Where can I get a taxi?** [weə kən aɪ get ə 'tæksi?]
Potrebbe chiamarmi un taxi, per favore?	**Would you call a taxi for me, please?** [wʊd ju kɔːl ə 'tæksi fə miː, pliːz?]

Al Ristorante

Posso vedere il menù, per favore?
Can I look at the menu, please?
[kən aɪ lʊk ət ðə 'menju:, pli:z?]

Un tavolo per una persona.
Table for one.
['teɪbl fə wʌn]

Siamo in due (tre, quattro).
There are two (three, four) of us.
[ðər ə tu: (θri:, fɔ:r) əv'ʌs]

Fumatori
Smoking
['sməʊkɪŋ]

Non fumatori
No smoking
[nəʊ 'sməʊkɪŋ]

Mi scusi!
Excuse me!
[ɪk'skju:z mi:!]

il menù
menu
['menju:]

la lista dei vini
wine list
[waɪn lɪst]

Posso avere il menù, per favore.
The menu, please.
[ðə 'menju:, pli:z]

È pronto per ordinare?
Are you ready to order?
[ə ju 'redi tu 'ɔ:də?]

Cosa gradisce?
What will you have?
[wɒt wɪl ju hæv?]

Prendo ...
I'll have ...
[aɪl hɛv ...]

Sono vegetariano.
I'm a vegetarian.
[aɪm ə vedʒɪ'teərɪən]

carne
meat
[mi:t]

pesce
fish
[fɪʃ]

verdure
vegetables
['vedʒɪtəblz]

Avete dei piatti vegetariani?
Do you have vegetarian dishes?
[də ju hɛv vedʒɪ'teərɪən 'dɪʃɪz?]

Non mangio carne di maiale.
I don't eat pork.
[aɪ dəʊnt i:t pɔ:k]

Lui /lei/ non mangia la carne.
He /she/ doesn't eat meat.
[hi /ʃi/ 'dʌznt i:t mi:t]

Sono allergico a ...
I am allergic to ...
[aɪ əm ə'lɜ:dʒɪk tə ...]

Potrebbe portarmi ...	**Would you please bring me ...** [wʊd ju pliːz brɪŋ miː ...]
del sale | del pepe | dello zucchero	**salt | pepper | sugar** [sɔːlt | 'pepə | 'ʃʊgə]
un caffè | un tè | un dolce	**coffee | tea | dessert** ['kɒfi | tiː | dɪ'zɜːt]
dell'acqua | frizzante | naturale	**water | sparkling | plain** ['wɔːtə | 'spɑːklɪŋ | pleɪn]
un cucchiaio | una forchetta | un coltello	**spoon | fork | knife** [spuːn | fɔːk | naɪf]
un piatto | un tovagliolo	**plate | napkin** [pleɪt | 'næpkɪn]

Buon appetito!	**Enjoy your meal!** [ɪn'dʒɔɪ jɔː miːl!]
Un altro, per favore.	**One more, please.** [wʌn mɔː, pliːz]
È stato squisito.	**It was very delicious.** [ɪt wəz 'veri dɪ'lɪʃəs]

il conto | il resto | la mancia	**check | change | tip** [tʃek | tʃeɪndʒ | tɪp]
Il conto, per favore.	**Check, please.** [tʃek, pliːz]
Posso pagare con la carta di credito?	**Can I pay by credit card?** [kən aɪ peɪ baɪ 'kredɪt kɑːd?]
Mi scusi, c'è un errore.	**I'm sorry, there's a mistake here.** [aɪm 'sɒri, ðeəz ə mɪ'steɪk hɪə]

Shopping

Posso aiutarla?	**Can I help you?** [kən aɪ help ju?]
Avete ...?	**Do you have ...?** [də ju hɛv ...?]
Sto cercando ...	**I'm looking for ...** [aɪm 'lʊkɪŋ fə ...]
Ho bisogno di ...	**I need ...** [aɪ niːd ...]

Sto guardando.	**I'm just looking.** [aɪm dʒəst 'lʊkɪŋ]
Stiamo guardando.	**We're just looking.** [wɪə dʒəst 'lʊkɪŋ]
Ripasserò più tardi.	**I'll come back later.** [aɪl kʌm bæk 'leɪtə]
Ripasseremo più tardi.	**We'll come back later.** [wil kʌm bæk 'leɪtə]
sconti | saldi	**discounts | sale** [dɪs'kaʊnts | seɪl]

Per favore, mi può far vedere ...?	**Would you please show me ...** [wʊd ju pliːz ʃəʊ miː ...]
Per favore, potrebbe darmi ...	**Would you please give me ...** [wʊd ju pliːz gɪv miː ...]
Posso provarlo?	**Can I try it on?** [kən aɪ traɪ ɪt ɒn?]
Mi scusi, dov'è il camerino?	**Excuse me, where's the fitting room?** [ɪk'skjuːz miː, weəz ðə 'fɪtɪŋ ruːm?]
Che colore desidera?	**Which color would you like?** [wɪtʃ 'kʌlər wʊd ju 'laɪk?]
taglia | lunghezza	**size | length** [saɪz | leŋθ]
Come le sta?	**How does it fit?** [haʊ dəz ɪt fɪt?]

Quanto costa questo?	**How much is it?** [haʊ 'mʌtʃ ɪz ɪt?]
È troppo caro.	**That's too expensive.** [ðæts tuː ɪk'spensɪv]
Lo prendo.	**I'll take it.** [aɪl teɪk ɪt]
Mi scusi, dov'è la cassa?	**Excuse me, where do I pay?** [ɪk'skjuːz miː, weə də aɪ peɪ?]

Paga in contanti o con carta di credito?	**Will you pay in cash or credit card?** [wɪl ju peɪ ɪn kæʃ ɔ: 'kredɪt kɑ:d?]
In contanti | con carta di credito	**In cash | with credit card** [ɪn kæʃ | wɪð 'kredɪt kɑ:d]

Vuole lo scontrino?	**Do you want the receipt?** [də ju wɒnt ðə rɪ'si:t?]
Si, grazie.	**Yes, please.** [jes, pli:z]
No, va bene così.	**No, it's OK.** [nəʊ, ɪts əʊ'keɪ]
Grazie. Buona giornata!	**Thank you. Have a nice day!** [θæŋk ju. hɛv ə naɪs deɪ!]

In città

Mi scusi, per favore ...	**Excuse me, please.** [ɪkˈskjuːz miː, pliːz]
Sto cercando ...	**I'm looking for ...** [aɪm ˈlʊkɪŋ fə ...]
la metropolitana	**the subway** [ðə ˈsʌbweɪ]
il mio albergo	**my hotel** [maɪ həʊˈtel]
il cinema	**the movie theater** [ðə ˈmuːvi ˈθiːətə]
il posteggio taxi	**a taxi stand** [ə ˈtæksi stænd]
un bancomat	**an ATM** [ən eɪtiːˈem]
un ufficio dei cambi	**a foreign exchange office** [ə ˈfɒrən ɪkˈstʃeɪndʒ ˈɒfɪs]
un internet café	**an internet café** [ən ˈɪntənet ˈkæfeɪ]
via ...	**... street** [... striːt]
questo posto	**this place** [ðɪs ˈpleɪs]
Sa dove si trova ...?	**Do you know where ... is?** [də ju nəʊ weə ... ɪz?]
Come si chiama questa via?	**Which street is this?** [wɪtʃ striːt ɪs ðɪs?]
Può mostrarmi dove ci troviamo?	**Show me where we are right now.** [ʃəʊ miː weə wi ə raɪt naʊ]
Posso andarci a piedi?	**Can I get there on foot?** [kən aɪ get ðər ɒn fʊt?]
Avete la piantina della città?	**Do you have a map of the city?** [də ju hɛv ə mæp əv ðə ˈsɪti?]
Quanto costa un biglietto?	**How much is a ticket to get in?** [haʊ ˈmʌtʃ ɪz ə ˈtɪkɪt tə get ɪn?]
Si può fotografare?	**Can I take pictures here?** [kən aɪ teɪk ˈpɪktʃəz hɪə?]
E' aperto?	**Are you open?** [ə ju ˈəʊpən?]

Quando aprite?	**When do you open?** [wen də ju 'əʊpən?]
Quando chiudete?	**When do you close?** [wen də ju kləʊz?]

Soldi

Soldi	**money** ['mʌni]
contanti	**cash** [kæʃ]
banconote	**paper money** ['peɪpə 'mʌni]
monete	**loose change** [luːs tʃeɪndʒ]
conto | resto | mancia	**check | change | tip** [tʃek | tʃeɪndʒ | tɪp]

carta di credito	**credit card** ['kredɪt kɑːd]
portafoglio	**wallet** ['wɒlɪt]
comprare	**to buy** [tə baɪ]
pagare	**to pay** [tə peɪ]
multa	**fine** [faɪn]
gratuito	**free** [friː]

Dove posso comprare ...?	**Where can I buy ...?** [weə kən aɪ baɪ ...?]
La banca è aperta adesso?	**Is the bank open now?** [ɪz ðə bæŋk 'əʊpən naʊ?]
Quando apre?	**When does it open?** [wen dəz ɪt 'əʊpən?]
Quando chiude?	**When does it close?** [wen dəz ɪt kləʊz?]

Quanto costa?	**How much?** [haʊ 'mʌtʃ?]
Quanto costa questo?	**How much is this?** [haʊ 'mʌtʃ ɪz ðɪs?]
È troppo caro.	**That's too expensive.** [ðæts tuː ɪk'spensɪv]

Scusi, dov'è la cassa?	**Excuse me, where do I pay?** [ɪk'skjuːz miː, weə də aɪ peɪ?]
Il conto, per favore.	**Check, please.** [tʃek, pliːz]

Posso pagare con la carta di credito?	**Can I pay by credit card?** [kən aɪ peɪ baɪ 'kredɪt kɑːd?]
C'è un bancomat?	**Is there an ATM here?** [ɪz ðər ən eɪtiː'em hɪə?]
Sto cercando un bancomat.	**I'm looking for an ATM.** [aɪm 'lʊkɪŋ fər ən eɪtiː'em]
Sto cercando un ufficio dei cambi.	**I'm looking for a foreign exchange office.** [aɪm 'lʊkɪŋ fər ə 'fɒrən ɪk'stʃeɪndʒ 'ɒfɪs]
Vorrei cambiare ...	**I'd like to change ...** [aɪd laɪk tə tʃeɪndʒ ...]
Quanto è il tasso di cambio?	**What is the exchange rate?** [wɒts ði ɪk'stʃeɪndʒ reɪt?]
Ha bisogno del mio passaporto?	**Do you need my passport?** [də ju niːd maɪ 'pɑːspɔːt?]

Le ore

Che ore sono?	**What time is it?** [wɒt taɪm ɪz ɪt?]
Quando?	**When?** [wen?]
A che ora?	**At what time?** [ət wɒt taɪm?]
adesso | più tardi | dopo ...	**now | later | after ...** [naʊ | 'leɪtə | 'ɑ:ftə ...]
l'una	**one o'clock** [wʌn ə'klɒk]
l'una e un quarto	**one fifteen** [wʌn fɪf'ti:n]
l'una e trenta	**one thirty** [wʌn 'θɜ:ti]
l'una e quarantacinque	**one forty-five** [wʌn 'fɔ:ti faɪv]
uno | due | tre	**one | two | three** [wʌn | tu: | θri:]
quattro | cinque | sei	**four | five | six** [fɔ: | faɪv | sɪks]
sette | otto | nove	**seven | eight | nine** [sevn | eɪt | naɪn]
dieci | undici | dodici	**ten | eleven | twelve** [ten | ɪ'levn | twelv]
fra ...	**in ...** [ɪn ...]
cinque minuti	**five minutes** [faɪv 'mɪnɪts]
dieci minuti	**ten minutes** [ten 'mɪnɪts]
quindici minuti	**fifteen minutes** [fɪf'ti:n 'mɪnɪts]
venti minuti	**twenty minutes** ['twenti 'mɪnɪts]
mezzora	**half an hour** [hɑ:f ən 'aʊə]
un'ora	**an hour** [ən 'aʊə]

la mattina	**in the morning** [ɪn ðə 'mɔːnɪŋ]
la mattina presto	**early in the morning** ['ɜːli ɪn ðə 'mɔːnɪŋ]
questa mattina	**this morning** [ðɪs 'mɔːnɪŋ]
domani mattina	**tomorrow morning** [tə'mɒrəʊ 'mɔːnɪŋ]

all'ora di pranzo	**at noon** [ət nuːn]
nel pomeriggio	**in the afternoon** [ɪn ði ɑːftə'nuːn]
la sera	**in the evening** [ɪn ði 'iːvnɪŋ]
stasera	**tonight** [tə'naɪt]

la notte	**at night** [ət naɪt]
ieri	**yesterday** ['jestədi]
oggi	**today** [tə'deɪ]
domani	**tomorrow** [tə'mɒrəʊ]
dopodomani	**the day after tomorrow** [ðə deɪ 'ɑːftə tə'mɒrəʊ]

Che giorno è oggi?	**What day is it today?** [wɒt deɪ ɪz ɪt tə'deɪ?]
Oggi è ...	**It's ...** [ɪts ...]
lunedì	**Monday** ['mʌndɪ]
martedì	**Tuesday** ['tjuːzdi]
mercoledì	**Wednesday** ['wenzdɪ]

giovedì	**Thursday** ['θɜːzdɪ]
venerdì	**Friday** ['fraɪdɪ]
sabato	**Saturday** ['sætədɪ]
domenica	**Sunday** ['sʌndɪ]

Saluti - Presentazione

Salve.	**Hello.** [hə'ləʊ]
Lieto di conoscerla.	**Pleased to meet you.** [pliːzd tə miːt ju]
Il piacere è mio.	**Me too.** [miː tuː]
Vi presento ...	**I'd like you to meet ...** [aɪd laɪk ju tə miːt ...]
Molto piacere.	**Nice to meet you.** [naɪs tə miːt ju]
Come sta?	**How are you?** [haʊ ə juː?]
Mi chiamo ...	**My name is ...** [maɪ neɪm ɪz ...]
Si chiama ... (m)	**His name is ...** [hɪz neɪm ɪz ...]
Si chiama ... (f)	**Her name is ...** [hə neɪm ɪz ...]
Come si chiama?	**What's your name?** [wɒts jɔː neɪm?]
Come si chiama lui?	**What's his name?** [wɒts ɪz neɪm?]
Come si chiama lei?	**What's her name?** [wɒts hə neɪm?]
Qual'è il suo cognome?	**What's your last name?** [wɒts jɔː lɑːst neɪm?]
Può chiamarmi ...	**You can call me ...** [ju kən kɔːl miː ...]
Da dove viene?	**Where are you from?** [weər ə ju frɒm?]
Vengo da ...	**I'm from ...** [aɪm frəm ...]
Che lavoro fa?	**What do you do for a living?** [wɒt də ju də fər ə 'lɪvɪŋ?]
Chi è?	**Who is this?** [huː ɪz ðɪs?]
Chi è lui?	**Who is he?** [huː ɪz hiː?]
Chi è lei?	**Who is she?** [huː ɪz ʃiː?]
Chi sono loro?	**Who are they?** [huː ə ðeɪ?]

Questo è ...	**This is ...** [ðɪs ɪz ...]
il mio amico	**my friend** [maɪ frend]
la mia amica	**my friend** [maɪ frend]
mio marito	**my husband** [maɪ 'hʌzbənd]
mia moglie	**my wife** [maɪ waɪf]
mio padre	**my father** [maɪ 'fɑːðə]
mia madre	**my mother** [maɪ 'mʌðə]
mio fratello	**my brother** [maɪ 'brʌðə]
mia sorella	**my sister** [maɪ 'sɪstə]
mio figlio	**my son** [maɪ sʌn]
mia figlia	**my daughter** [maɪ 'dɔːtə]
Questo è nostro figlio.	**This is our son.** [ðɪs ɪz 'aʊə sʌn]
Questa è nostra figlia.	**This is our daughter.** [ðɪs ɪz 'aʊə 'dɔːtə]
Questi sono i miei figli.	**These are my children.** [ðiːz ə maɪ 'tʃɪldrən]
Questi sono i nostri figli.	**These are our children.** [ðiːz ə 'aʊə 'tʃɪldrən]

Saluti di commiato

Arrivederci!	**Good bye!** [gʊd baɪ!]
Ciao!	**Bye!** [baɪ!]
A domani.	**See you tomorrow.** [siː ju təˈmɒrəʊ]
A presto.	**See you soon.** [siː ju suːn]
Ci vediamo alle sette.	**See you at seven.** [siː ju ət sevn]

Divertitevi!	**Have fun!** [hɛv fʌn!]
Ci sentiamo più tardi.	**Talk to you later.** [tɔːk tə ju ˈleɪtə]
Buon fine settimana.	**Have a nice weekend.** [hɛv ə naɪs wiːkˈend]
Buona notte	**Good night.** [gʊd naɪt]

Adesso devo andare.	**It's time for me to go.** [ɪts taɪm fə miː tə gəʊ]
Devo andare.	**I have to go.** [aɪ hɛv tə gəʊ]
Torno subito.	**I will be right back.** [aɪ wɪl bi raɪt bæk]

È tardi.	**It's late.** [ɪts leɪt]
Domani devo alzarmi presto.	**I have to get up early.** [aɪ hɛv tə get ˈʌp ˈɜːli]
Parto domani.	**I'm leaving tomorrow.** [aɪm ˈliːvɪŋ təˈmɒrəʊ]
Partiamo domani.	**We're leaving tomorrow.** [wɪə ˈliːvɪŋ təˈmɒrəʊ]

Buon viaggio!	**Have a nice trip!** [hɛv ə naɪs trɪp!]
È stato un piacere conoscerla.	**It was nice meeting you.** [ɪt wəz naɪs ˈmiːtɪŋ ju]
È stato un piacere parlare con lei.	**It was nice talking to you.** [ɪt wəz naɪs ˈtɔːkɪŋ tə ju]
Grazie di tutto.	**Thanks for everything.** [θæŋks fər ˈevrɪθɪŋ]

Mi sono divertito.	**I had a very good time.** [aɪ həd ə 'veri gʊd taɪm]
Ci siamo divertiti.	**We had a very good time.** [wi həd ə 'veri gʊd taɪm]
È stato straordinario.	**It was really great.** [ɪt wəz 'rɪəli greɪt]
Mi mancherà.	**I'm going to miss you.** [aɪm 'gəʊɪŋ tə mɪs ju]
Ci mancherà.	**We're going to miss you.** [wɪə 'gəʊɪŋ tə mɪs ju]

Buona fortuna!	**Good luck!** [gʊd lʌk!]
Mi saluti ...	**Say hi to ...** [seɪ haɪ tə ...]

Lingua straniera

Non capisco.
I don't understand.
[aɪ dəʊnt ˌʌndəˈstænd]

Può scriverlo, per favore.
Write it down, please.
[raɪt ɪt daʊn, pliːz]

Parla ...?
Do you speak ...?
[də ju spiːk ...?]

Parlo un po' ...
I speak a little bit of ...
[aɪ spiːk ə lɪtl bɪt əv ...]

inglese
English
[ˈɪŋglɪʃ]

turco
Turkish
[ˈtɜːkɪʃ]

arabo
Arabic
[ˈærəbɪk]

francese
French
[frentʃ]

tedesco
German
[ˈdʒɜːmən]

italiano
Italian
[ɪˈtæljən]

spagnolo
Spanish
[ˈspænɪʃ]

portoghese
Portuguese
[pɔːtʃʊˈgiːz]

cinese
Chinese
[tʃaɪˈniːz]

giapponese
Japanese
[dʒæpəˈniːz]

Può ripetere, per favore.
Can you repeat that, please.
[kən ju rɪˈpiːt ðæt, pliːz]

Capisco.
I understand.
[aɪ ˌʌndəˈstænd]

Non capisco.
I don't understand.
[aɪ dəʊnt ˌʌndəˈstænd]

Può parlare più piano, per favore.
Please speak more slowly.
[pliːz spiːk mɔː ˈsləʊli]

È corretto?
Is that correct?
[ɪz ðæt kəˈrekt?]

Cos'è questo? (Cosa significa?)
What is this?
[wɒts ðɪs?]

Chiedere scusa

Mi scusi, per favore.	**Excuse me, please.** [ɪk'skjuːz miː, pliːz]
Mi dispiace.	**I'm sorry.** [aɪm 'sɒri]
Mi dispiace molto.	**I'm really sorry.** [aɪm 'rɪəli 'sɒri]
Mi dispiace, è colpa mia.	**Sorry, it's my fault.** ['sɒri, ɪts maɪ fɔːt]
È stato un mio errore.	**My mistake.** [maɪ mɪ'steɪk]

Posso ...?	**May I ...?** [meɪ aɪ ...?]
Le dispiace se ...?	**Do you mind if I ...?** [də ju maɪnd ɪf aɪ ...?]
Non fa niente.	**It's OK.** [ɪts əʊ'keɪ]
Tutto bene.	**It's all right.** [ɪts ɔːl raɪt]
Non si preoccupi.	**Don't worry about it.** [dəʊnt 'wʌri ə'baʊt ɪt]

Essere d'accordo

Sì.	**Yes.** [jes]
Sì, certo.	**Yes, sure.** [jes, ʃʊə]
Bene.	**OK (Good!)** [əʊ'keɪ (gʊd!)]
Molto bene.	**Very well.** ['veri wel]
Certamente!	**Certainly!** ['sɜːtnli!]
Sono d'accordo.	**I agree.** [aɪ ə'griː]

Esatto.	**That's correct.** [ðæts kə'rekt]
Giusto.	**That's right.** [ðæts raɪt]
Ha ragione.	**You're right.** [jʊə raɪt]
È lo stesso.	**I don't mind.** [aɪ dəʊnt maɪnd]
È assolutamente corretto.	**Absolutely right.** ['æbsəluːtli raɪt]

È possibile.	**It's possible.** [ɪts 'pɒsəbl]
È una buona idea.	**That's a good idea.** [ðæts ə gʊd aɪ'dɪə]
Non posso dire di no.	**I can't say no.** [aɪ kɑːnt 'seɪ nəʊ]
Ne sarei lieto /lieta/.	**I'd be happy to.** [aɪd bi 'hæpi tuː]
Con piacere.	**With pleasure.** [wɪð 'pleʒə]

Diniego. Esprimere incertezza

No.
No.
[nəʊ]

Sicuramente no.
Certainly not.
['sɜːtnli nɒt]

Non sono d'accordo.
I don't agree.
[aɪ dəʊnt ə'griː]

Non penso.
I don't think so.
[aɪ dəʊnt 'θɪŋk 'səʊ]

Non è vero.
It's not true.
[ɪts nɒt truː]

Si sbaglia.
You are wrong.
[ju ə rɒŋ]

Penso che lei si stia sbagliando.
I think you are wrong.
[aɪ θɪŋk ju ə rɒŋ]

Non sono sicuro.
I'm not sure.
[aɪm nɒt ʃʊə]

È impossibile.
It's impossible.
[ɪts ɪm'pɒsəbl]

Assolutamente no!
No way!
[nəʊ 'weɪ]

Esattamente il contrario!
The exact opposite.
[ðɪ ɪg'zækt 'ɒpəzɪt]

Sono contro.
I'm against it.
[aɪm ə'genst ɪt]

Non m'interessa.
I don't care.
[aɪ dəʊnt 'keə]

Non ne ho idea.
I have no idea.
[aɪ hɛv nəʊ aɪ'dɪə]

Dubito che sia così.
I doubt that.
[aɪ daʊt ðɛt]

Mi dispiace, non posso.
Sorry, I can't.
['sɒri, aɪ kɑːnt]

Mi dispiace, non voglio.
Sorry, I don't want to.
['sɒri, aɪ dəʊnt wɒnt tuː]

Non ne ho bisogno, grazie.
Thank you, but I don't need this.
[θæŋk ju, bət aɪ dəʊnt niːd ðɪs]

È già tardi.
It's late.
[ɪts leɪt]

Devo alzarmi presto.	**I have to get up early.** [aɪ hɛv tə get 'ʌp 'ɜːli]
Non mi sento bene.	**I don't feel well.** [aɪ dəʊnt fiːl wel]

Esprimere gratitude

Grazie.	**Thank you.** [θæŋk ju]
Grazie mille.	**Thank you very much.** [θæŋk ju 'veri 'mʌtʃ]
Le sono riconoscente.	**I really appreciate it.** [aɪ 'rɪəli ə'priːʃieɪt ɪt]
Le sono davvero grato.	**I'm really grateful to you.** [aɪm 'rɪəli 'greɪtfəl tə ju]
Le siamo davvero grati.	**We are really grateful to you.** [wi ə 'rɪəli 'greɪtfəl tə ju]

Grazie per la sua disponibilità.	**Thank you for your time.** [θæŋk ju fə jɔː taɪm]
Grazie di tutto.	**Thanks for everything.** [θæŋks fər 'evrɪθɪŋ]
Grazie per ...	**Thank you for ...** [θæŋk ju fə ...]
il suo aiuto	**your help** [jɔː help]
il bellissimo tempo	**a nice time** [ə naɪs taɪm]

il delizioso pranzo	**a wonderful meal** [ə 'wʌndəfəl miːl]
la bella serata	**a pleasant evening** [ə pleznt 'iːvnɪŋ]
la bella giornata	**a wonderful day** [ə 'wʌndəfəl deɪ]
la splendida gita	**an amazing journey** [ən ə'meɪzɪŋ 'dʒɜːni]

Non c'è di che.	**Don't mention it.** [dəʊnt menʃn ɪt]
Prego.	**You are welcome.** [ju ə 'welkəm]
Con piacere.	**Any time.** ['eni taɪm]
È stato un piacere.	**My pleasure.** [maɪ 'pleʒə]
Non ci pensi neanche.	**Forget it. It's alright.** [fə'get ɪt. ɪts əlraɪt]
Non si preoccupi.	**Don't worry about it.** [dəʊnt 'wʌri ə'baʊt ɪt]

Congratulazioni. Auguri

Congratulazioni!	**Congratulations!** [kəngrætuˈleɪʃnz!]
Buon compleanno!	**Happy birthday!** [ˈhæpi ˈbɜːθdeɪ!]
Buon Natale!	**Merry Christmas!** [ˈmeri ˈkrɪsməs!]
Felice Anno Nuovo!	**Happy New Year!** [ˈhæpi njuː ˈjiə!]
Buona Pasqua!	**Happy Easter!** [ˈhæpi ˈiːstə!]
Felice Hanukkah!	**Happy Hanukkah!** [ˈhæpi ˈhɑːnəkə!]
Vorrei fare un brindisi.	**I'd like to propose a toast.** [aɪd laɪk tə prəˈpəʊz ə təʊst]
Salute!	**Cheers!** [tʃɪəz!]
Beviamo a …!	**Let's drink to …!** [lets drɪŋk tə …!]
Al nostro successo!	**To our success!** [tu ˈaʊə səkˈses!]
Al suo successo!	**To your success!** [tə jɔː səkˈses!]
Buona fortuna!	**Good luck!** [gʊd lʌk!]
Buona giornata!	**Have a nice day!** [hɛv ə naɪs deɪ!]
Buone vacanze!	**Have a good holiday!** [hɛv ə gʊd ˈhɒlədeɪ!]
Buon viaggio!	**Have a safe journey!** [hɛv ə seɪf ˈdʒɜːniː!]
Spero guarisca presto!	**I hope you get better soon!** [aɪ həʊp ju get ˈbetə suːn!]

Socializzare

Perchè è triste?	**Why are you sad?** [waɪ ə ju sæd?]
Sorrida!	**Smile!** [smaɪl!]
È libero stasera?	**Are you free tonight?** [ə ju fri: tə'naɪt?]

Posso offrirle qualcosa da bere?	**May I offer you a drink?** [meɪ aɪ 'ɒfə ju ə drɪŋk?]
Vuole ballare?	**Would you like to dance?** [wʊd ju laɪk tə dɑːns?]
Andiamo al cinema.	**Let's go to the movies.** [lets gəʊ tə ðə 'muːvɪz]

Posso invitarla …?	**May I invite you to …?** [meɪ aɪ ɪn'vaɪt ju tə …?]
al ristorante	**a restaurant** [ə 'restrɒnt]
al cinema	**the movies** [ðə 'muːvɪz]
a teatro	**the theater** [ðə 'θiːətə]
a fare una passeggiata	**go for a walk** [gəʊ fər ə wɔːk]

A che ora?	**At what time?** [ət wɒt taɪm?]
stasera	**tonight** [tə'naɪt]
alle sei	**at six** [ət sɪks]
alle sette	**at seven** [ət sevn]
alle otto	**at eight** [ət eɪt]
alle nove	**at nine** [ət naɪn]

Le piace qui?	**Do you like it here?** [də ju laɪk ɪt hɪə?]
È qui con qualcuno?	**Are you here with someone?** [ə ju hɪə wɪð 'sʌmwʌn?]
Sono con un amico /una amica/.	**I'm with my friend.** [aɪm wɪð maɪ 'frend]

Sono con i miei amici.	**I'm with my friends.** [aɪm wɪð maɪ frendz]
No, sono da solo /sola/.	**No, I'm alone.** [nəʊ, aɪm ə'ləʊn]

Hai il ragazzo?	**Do you have a boyfriend?** [də ju hɛv ə 'bɔɪfrend?]
Ho il ragazzo.	**I have a boyfriend.** [aɪ hɛv ə 'bɔɪfrend]
Hai la ragazza?	**Do you have a girlfriend?** [də ju hɛv ə 'gɜːlfrend?]
Ho la ragazza.	**I have a girlfriend.** [aɪ hɛv ə 'gɜːlfrend]

Posso rivederti?	**Can I see you again?** [kən aɪ siː ju ə'gen?]
Posso chiamarti?	**Can I call you?** [kən aɪ kɔːl ju?]
Chiamami.	**Call me.** [kɔːl miː]
Qual'è il tuo numero?	**What's your number?** [wɒts jɔː 'nʌmbə?]
Mi manchi.	**I miss you.** [aɪ mɪs ju]

Ha un bel nome.	**You have a beautiful name.** [ju hɛv ə 'bjuːtəfl neɪm]
Ti amo.	**I love you.** [aɪ lʌv ju]
Mi vuoi sposare?	**Will you marry me?** [wɪl ju 'mæri miː?]
Sta scherzando!	**You're kidding!** [jə 'kɪdɪŋ!]
Sto scherzando.	**I'm just kidding.** [aɪm dʒəst 'kɪdɪŋ]

Lo dice sul serio?	**Are you serious?** [ə ju 'sɪərɪəs?]
Sono serio.	**I'm serious.** [aɪm 'sɪərɪəs]
Davvero?!	**Really?!** ['rɪəli?!]
È incredibile!	**It's unbelievable!** [ɪts ʌnbɪ'liːvəbl!]
Non le credo.	**I don't believe you.** [aɪ dəʊnt bɪ'liːv ju]
Non posso.	**I can't.** [aɪ kɑːnt]
No so.	**I don't know.** [aɪ dəʊnt nəʊ]
Non la capisco.	**I don't understand you.** [aɪ dəʊnt ʌndə'stænd ju]

Per favore, vada via.	**Please go away.** [pliːz gəʊ əˈweɪ]
Mi lasci in pace!	**Leave me alone!** [liːv mi: əˈləʊn!]

Non lo sopporto.	**I can't stand him.** [aɪ kɑːnt stænd hɪm]
Lei è disgustoso!	**You are disgusting!** [ju ə dɪsˈgʌstɪŋ!]
Chiamo la polizia!	**I'll call the police!** [aɪl kɔːl ðə pəˈliːs!]

Comunicare impressioni ed emozioni

Mi piace. **I like it.**
[aɪ laɪk ɪt]

Molto carino. **Very nice.**
['veri naɪs]

È formidabile! **That's great!**
[ðæts 'greɪt!]

Non è male. **It's not bad.**
[ɪts nɒt bæd]

Non mi piace. **I don't like it.**
[aɪ dəʊnt laɪk ɪt]

Non è buono. **It's not good.**
[ɪts nɒt gʊd]

È cattivo. **It's bad.**
[ɪts bæd]

È molto cattivo. **It's very bad.**
[ɪts 'veri bæd]

È disgustoso. **It's disgusting.**
[ɪts dɪs'gʌstɪŋ]

Sono felice. **I'm happy.**
[aɪm 'hæpi]

Sono contento /contenta/. **I'm content.**
[aɪm kən'tent]

Sono innamorato /innamorata/. **I'm in love.**
[aɪm ɪn lʌv]

Sono calmo. **I'm calm.**
[aɪm kɑːm]

Sono annoiato. **I'm bored.**
[aɪm bɔːd]

Sono stanco /stanca/. **I'm tired.**
[aɪm 'taɪəd]

Sono triste. **I'm sad.**
[aɪm sæd]

Sono spaventato. **I'm frightened.**
[aɪm 'fraɪtnd]

Sono arrabbiato /arrabiata/. **I'm angry.**
[aɪm 'æŋgri]

Sono preoccupato /preoccupata/. **I'm worried.**
[aɪm 'wʌrɪd]

Sono nervoso /nervosa/. **I'm nervous.**
[aɪm 'nɜːvəs]

Sono geloso /gelosa/.	**I'm jealous.** [aɪm 'dʒeləs]
Sono sorpreso /sorpresa/.	**I'm surprised.** [aɪm sə'praɪzd]
Sono perplesso.	**I'm perplexed.** [aɪm pə'plekst]

Problemi. Incidenti

Ho un problema.	**I've got a problem.** [aɪv gɒt ə 'prɒbləm]
Abbiamo un problema.	**We've got a problem.** [wiv gɒt ə 'prɒbləm]
Sono perso /persa/.	**I'm lost.** [aɪm lɒst]
Ho perso l'ultimo autobus (treno).	**I missed the last bus (train).** [aɪ mɪst ðə lɑ:st bʌs (treɪn)]
Non ho più soldi.	**I don't have any money left.** [aɪ dəʊnt hɛv 'eni 'mʌni left]

Ho perso ...	**I've lost my ...** [aɪv lɒst maɪ ...]
Mi hanno rubato ...	**Someone stole my ...** ['sʌmwʌn stəʊl maɪ ...]
il passaporto	**passport** ['pɑ:spɔ:t]
il portafoglio	**wallet** ['wɒlɪt]
i documenti	**papers** ['peɪpəz]
il biglietto	**ticket** ['tɪkɪt]

i soldi	**money** ['mʌni]
la borsa	**handbag** ['hændbæg]
la macchina fotografica	**camera** ['kæmərə]
il computer portatile	**laptop** ['læptɒp]
il tablet	**tablet computer** ['tæblɪt kəm'pju:tə]
il telefono cellulare	**mobile phone** ['məʊbaɪl fəʊn]

Aiuto!	**Help me!** [help mi:!]
Che cosa è successo?	**What's happened?** [wɒts 'hæpənd?]
fuoco	**fire** ['faɪə]

sparatoria	**shooting** [ˈʃuːtɪŋ]
omicidio	**murder** [a ˈmɜːdə]
esplosione	**explosion** [ɪkˈspləʊʒn]
rissa	**fight** [a faɪt]

Chiamate la polizia!	**Call the police!** [kɔːl ðə pəˈliːs!]
Per favore, faccia presto!	**Please hurry up!** [pliːz ˈhʌri ʌp!]
Sto cercando la stazione di polizia.	**I'm looking for the police station.** [aɪm ˈlʊkɪŋ fər ðə pəˈliːs steɪʃn]
Devo fare una telefonata.	**I need to make a call.** [aɪ niːd tə meɪk ə kɔːl]
Posso usare il suo telefono?	**May I use your phone?** [meɪ aɪ juːz jɔː fəʊn?]

Sono stato /stata/ ...	**I've been ...** [aɪv biːn ...]
aggredito /aggredita/	**mugged** [mʌgd]
derubato /derubata/	**robbed** [rɒbd]
violentata	**raped** [reɪpt]
assalito /assalita/	**attacked** [əˈtækt]

Lei sta bene?	**Are you all right?** [ə ju ɔːl raɪt?]
Ha visto chi è stato?	**Did you see who it was?** [dɪd ju siː huː ɪt wɒz?]
È in grado di riconoscere la persona?	**Would you be able to recognize the person?** [wʊd ju bi eɪbl tə ˈrekəgnaɪz ðə ˈpɜːsn?]
È sicuro?	**Are you sure?** [ə ju ʃʊə?]

Per favore, si calmi.	**Please calm down.** [pliːz kɑːm daʊn]
Si calmi!	**Take it easy!** [teɪk ɪt ˈiːzi!]
Non si preoccupi.	**Don't worry!** [dəʊnt ˈwʌri!]
Andrà tutto bene.	**Everything will be fine.** [ˈevrɪθɪŋ wɪl bi faɪn]
Va tutto bene.	**Everything's all right.** [ˈevrɪθɪŋz ɔːl raɪt]

Venga qui, per favore.	**Come here, please.** [kʌm hɪə, pliːz]
Devo porle qualche domanda.	**I have some questions for you.** [aɪ hɛv səm 'kwestʃənz fə ju]
Aspetti un momento, per favore.	**Wait a moment, please.** [weɪt ə 'məʊmənt, pliːz]
Ha un documento d'identità?	**Do you have any I.D.?** [də ju hɛv 'eni aɪ diː.?]
Grazie. Può andare ora.	**Thanks. You can leave now.** [θæŋks. ju kən liːv naʊ]
Mani dietro la testa!	**Hands behind your head!** [hændz bɪ'haɪnd jɔː hed!]
È in arresto!	**You're under arrest!** [jər 'ʌndər ə'rest!]

Problemi di salute

Mi può aiutare, per favore. **Please help me.**
[pli:z help mi:]

Non mi sento bene. **I don't feel well.**
[aɪ dəʊnt fi:l wel]

Mio marito non si sente bene. **My husband doesn't feel well.**
[maɪ 'hʌzbənd 'dʌznt fi:l wel]

Mio figlio ... **My son ...**
[maɪ sʌn ...]

Mio padre ... **My father ...**
[maɪ 'fɑ:ðə ...]

Mia moglie non si sente bene. **My wife doesn't feel well.**
[maɪ waɪf 'dʌznt fi:l wel]

Mia figlia ... **My daughter ...**
[maɪ 'dɔ:tə ...]

Mia madre ... **My mother ...**
[maɪ 'mʌðə ...]

Ho mal di ... **I've got a ...**
[aɪv gɒt ə ...]

testa **headache**
['hedeɪk]

gola **sore throat**
[sɔ: θrəʊt]

pancia **stomach ache**
['stʌmək eɪk]

denti **toothache**
['tu:θeɪk]

Mi gira la testa. **I feel dizzy.**
[aɪ fi:l 'dɪzi]

Ha la febbre. (m) **He has a fever.**
[hi həz ə 'fi:və]

Ha la febbre. (f) **She has a fever.**
[ʃi həz ə 'fi:və]

Non riesco a respirare. **I can't breathe.**
[aɪ kɑ:nt bri:ð]

Mi manca il respiro. **I'm short of breath.**
[aɪm ʃɔ:t əv breθ]

Sono asmatico. **I am asthmatic.**
[aɪ əm æs'mætɪk]

Sono diabetico /diabetica/. **I am diabetic.**
[aɪ əm daɪə'betɪk]

Soffro d'insonnia.	**I can't sleep.** [aɪ kɑːnt sliːp]
intossicazione alimentare	**food poisoning** [fuːd 'pɔɪznɪŋ]

Fa male qui.	**It hurts here.** [ɪt hɜːts hɪə]
Mi aiuti!	**Help me!** [help miː!]
Sono qui!	**I am here!** [aɪ əm hɪə!]
Siamo qui!	**We are here!** [wi ə hɪə!]
Mi tiri fuori di qui!	**Get me out of here!** [get miː aʊt əv hɪə!]
Ho bisogno di un dottore.	**I need a doctor.** [aɪ niːd ə 'dɒktə]
Non riesco a muovermi.	**I can't move.** [aɪ kɑːnt muːv!]
Non riesco a muovere le gambe.	**I can't move my legs.** [aɪ kɑːnt muːv maɪ legz]

Ho una ferita.	**I have a wound.** [aɪ hɛv ə wuːnd]
È grave?	**Is it serious?** [ɪz ɪt 'sɪərɪəs?]
I miei documenti sono in tasca.	**My documents are in my pocket.** [maɪ 'dɒkjuments ər ɪn maɪ 'pɒkɪt]
Si calmi!	**Calm down!** [kɑːm daʊn!]
Posso usare il suo telefono?	**May I use your phone?** [meɪ aɪ juːz jɔː fəʊn?]

Chiamate l'ambulanza!	**Call an ambulance!** [kɔːl ən 'æmbjələns!]
È urgente!	**It's urgent!** [ɪts 'ɜːdʒənt!]
È un'emergenza!	**It's an emergency!** [ɪts ən ɪ'mɜːdʒənsi!]
Per favore, faccia presto!	**Please hurry up!** [pliːz 'hʌri 'ʌp!]
Per favore, chiamate un medico.	**Would you please call a doctor?** [wʊd ju pliːz kɔːl ə 'dɒktə?]
Dov'è l'ospedale?	**Where is the hospital?** [weə ɪz ðə 'hɒspɪtl?]

Come si sente?	**How are you feeling?** [haʊ ə ju 'fiːlɪŋ?]
Sta bene?	**Are you all right?** [ə ju ɔːl raɪt?]
Che cosa è successo?	**What's happened?** [wɒts 'hæpənd?]

Mi sento meglio ora.	**I feel better now.** [aɪ fiːl 'betə naʊ]
Va bene.	**It's OK.** [ɪts əʊ'keɪ]
Va tutto bene.	**It's all right.** [ɪts ɔːl raɪt]

In farmacia

farmacia	**Pharmacy (drugstore)** ['fɑːməsi ('drʌgstɔː)]
farmacia di turno	**24-hour pharmacy** ['twenti fɔːr 'aʊə 'fɑːməsi]
Dov'è la farmacia più vicina?	**Where is the closest pharmacy?** [weə ɪz ðə 'kləʊsɪst 'fɑːməsi?]

È aperta a quest'ora?	**Is it open now?** [ɪz ɪt 'əʊpən naʊ?]
A che ora apre?	**At what time does it open?** [ət wɒt taɪm dəz ɪt 'əʊpən?]
A che ora chiude?	**At what time does it close?** [ət wɒt taɪm dəz ɪt kləʊz?]

È lontana?	**Is it far?** [ɪz ɪt fɑː?]
Posso andarci a piedi?	**Can I get there on foot?** [kən aɪ get ðər ɒn fʊt?]
Può mostrarmi sulla piantina?	**Can you show me on the map?** [kən ju ʃəʊ miː ɒn ðə mæp?]

Per favore, può darmi qualcosa per ...	**Please give me something for ...** [pliːz gɪv miː 'sʌmθɪŋ fə ...]
il mal di testa	**a headache** [ə 'hedeɪk]
la tosse	**a cough** [ə kɒf]
il raffreddore	**a cold** [ə kəʊld]
l'influenza	**the flu** [ðə fluː]

la febbre	**a fever** [ə 'fiːvə]
il mal di stomaco	**a stomach ache** [ə 'stʌmək eɪk]
la nausea	**nausea** ['nɔːsɪə]
la diarrea	**diarrhea** [daɪə'rɪə]
la costipazione	**constipation** [kɒnstɪ'peɪʃn]
mal di schiena	**pain in the back** [peɪn ɪn ðə 'bæk]

dolore al petto	**chest pain** [tʃest peɪn]
fitte al fianco	**side stitch** [saɪd stɪtʃ]
dolori addominali	**abdominal pain** [æb'dɒmɪnəl peɪn]

pastiglia	**pill** [pɪl]
pomata	**ointment, cream** ['ɔɪntmənt, kriːm]
sciroppo	**syrup** ['sɪrəp]
spray	**spray** [sprɛj]
gocce	**drops** [drɒps]

Deve andare in ospedale.	**You need to go to the hospital.** [ju niːd tə gəʊ tə ðə 'hɒspɪtl]
assicurazione sanitaria	**health insurance** [helθ ɪn'ʃʊərəns]
prescrizione	**prescription** [prɪ'skrɪpʃn]
insettifugo	**insect repellant** ['ɪnsekt rɪ'pelənt]
cerotto	**sticking plaster** ['stikiŋ 'plastə]

Il minimo indispensabile

Mi scusi, ...
Excuse me, ...
[ɪkˈskjuːz miː, ...]

Buongiorno.
Hello.
[həˈləʊ]

Grazie.
Thank you.
[θæŋk ju]

Arrivederci.
Good bye.
[gʊd baɪ]

Sì.
Yes.
[jes]

No.
No.
[nəʊ]

Non lo so.
I don't know.
[aɪ dəʊnt nəʊ]

Dove? | Dove? (~ stai andando?) | Quando?
Where? | Where to? | When?
[weə? | weə tuː? | wen?]

Ho bisogno di ...
I need ...
[aɪ niːd ...]

Voglio ...
I want ...
[aɪ wɒnt ...]

Avete ...?
Do you have ...?
[də ju hɛv ...?]

C'è un /una/ ... qui?
Is there a ... here?
[ɪz ðər ə ... hɪə?]

Posso ...?
May I ...?
[meɪ aɪ ...?]

per favore
..., please
[..., pliːz]

Sto cercando ...
I'm looking for ...
[aɪm ˈlʊkɪŋ fə ...]

il bagno
restroom
[ˈrestruːm]

un bancomat
ATM
[eɪtiːˈem]

una farmacia
pharmacy, drugstore
[ˈfɑːməsi, ˈdrʌgstɔː]

un ospedale
hospital
[ˈhɒspɪtl]

la stazione di polizia
police station
[pəˈliːs ˈsteɪʃn]

la metro
subway
[ˈsʌbweɪ]

un taxi	**taxi** [ˈtæksi]
la stazione (ferroviaria)	**train station** [treɪn ˈsteɪʃn]

Mi chiamo ...	**My name is ...** [maɪ ˈneɪm ɪz ...]
Come si chiama?	**What's your name?** [wɒts jɔː ˈneɪm?]
Mi può aiutare, per favore?	**Could you please help me?** [kəd ju pliːz help miː?]
Ho un problema.	**I've got a problem.** [av gɒt ə ˈprɒbləm]
Mi sento male.	**I don't feel well.** [aɪ dəʊnt fiːl wel]
Chiamate l'ambulanza!	**Call an ambulance!** [kɔːl ən ˈæmbjələns!]
Posso fare una telefonata?	**May I make a call?** [meɪ aɪ ˈmeɪk ə kɔːl?]

Mi dispiace.	**I'm sorry.** [aɪm ˈsɒri]
Prego.	**You're welcome.** [juə ˈwelkəm]

io	**I, me** [aɪ, miː]
tu	**you** [ju]
lui	**he** [hi]
lei	**she** [ʃi]
loro (m)	**they** [ðeɪ]
loro (f)	**they** [ðeɪ]
noi	**we** [wi]
voi	**you** [ju]
Lei	**you** [ju]

ENTRATA	**ENTRANCE** [ˈentrɑːns]
USCITA	**EXIT** [ˈeksɪt]
FUORI SERVIZIO	**OUT OF ORDER** [aʊt əv ˈɔːdə]
CHIUSO	**CLOSED** [kləʊzd]

APERTO	**OPEN** ['əʊpən]
DONNE	**FOR WOMEN** [fə 'wɪmɪn]
UOMINI	**FOR MEN** [fə men]

MINI DIZIONARIO

Questa sezione contiene
250 termini utili nelle
conversazioni di tutti i giorni.
Potrete Trovare i nomi dei
mesi e dei giorni della
settimana.
Inoltre, il dizionario contiene
diversi argomenti come:
i colori, le unità di misura,
la famiglia e molto altro

T&P Books Publishing

INDICE DEL DIZIONARIO

1. Orario. Calendario	75
2. Numeri. Numerali	76
3. L'uomo. Membri della famiglia	77
4. Corpo umano. Anatomia	78
5. Abbigliamento. Accessori personali	79
6. Casa. Appartamento	80

T&P Books Publishing

1. Orario. Calendario

tempo (m)	**time**	[taɪm]
ora (f)	**hour**	['aʊə(r)]
mezzora (f)	**half an hour**	[ˌhɑːf ən 'aʊə(r)]
minuto (m)	**minute**	['mɪnɪt]
secondo (m)	**second**	['sekənd]
oggi (avv)	**today**	[tə'deɪ]
domani	**tomorrow**	[tə'mɒrəʊ]
ieri (avv)	**yesterday**	['jestədɪ]
lunedì (m)	**Monday**	['mʌndɪ]
martedì (m)	**Tuesday**	['tjuːzdɪ]
mercoledì (m)	**Wednesday**	['wenzdɪ]
giovedì (m)	**Thursday**	['θɜːzdɪ]
venerdì (m)	**Friday**	['fraɪdɪ]
sabato (m)	**Saturday**	['sætədɪ]
domenica (f)	**Sunday**	['sʌndɪ]
giorno (m)	**day**	[deɪ]
giorno (m) lavorativo	**working day**	['wɜːkɪŋ deɪ]
giorno (m) festivo	**public holiday**	['pʌblɪk 'hɒlɪdeɪ]
fine (m) settimana	**weekend**	[ˌwiːk'end]
settimana (f)	**week**	[wiːk]
la settimana scorsa	**last week**	[ˌlɑːst 'wiːk]
la settimana prossima	**next week**	[ˌnekst 'wiːk]
di mattina	**in the morning**	[ɪn ðə 'mɔːnɪŋ]
nel pomeriggio	**in the afternoon**	[ɪn ðə ˌɑːftə'nuːn]
di sera	**in the evening**	[ɪn ðɪ 'iːvnɪŋ]
stasera	**tonight**	[tə'naɪt]
di notte	**at night**	[ət naɪt]
mezzanotte (f)	**midnight**	['mɪdnaɪt]
gennaio (m)	**January**	['dʒænjʊərɪ]
febbraio (m)	**February**	['februərɪ]
marzo (m)	**March**	[mɑːtʃ]
aprile (m)	**April**	['eɪprəl]
maggio (m)	**May**	[meɪ]
giugno (m)	**June**	[dʒuːn]
luglio (m)	**July**	[dʒuːˈlaɪ]
agosto (m)	**August**	['ɔːgəst]

settembre (m)	**September**	[sep'tembə(r)]
ottobre (m)	**October**	[ɒk'təubə(r)]
novembre (m)	**November**	[nəu'vembə(r)]
dicembre (m)	**December**	[dɪ'sembə(r)]
in primavera	**in (the) spring**	[ɪn (ðə) sprɪŋ]
in estate	**in (the) summer**	[ɪn (ðə) 'sʌmə(r)]
in autunno	**in (the) fall**	[ɪn (ðə) fɔ:l]
in inverno	**in (the) winter**	[ɪn (ðə) 'wɪntə(r)]
mese (m)	**month**	[mʌnθ]
stagione (f) (estate, ecc.)	**season**	['si:zən]
anno (m)	**year**	[jɪə(r)]

2. Numeri. Numerali

zero (m)	**zero**	['zɪərəu]
uno	**one**	[wʌn]
due	**two**	[tu:]
tre	**three**	[θri:]
quattro	**four**	[fɔ:(r)]
cinque	**five**	[faɪv]
sei	**six**	[sɪks]
sette	**seven**	['sevən]
otto	**eight**	[eɪt]
nove	**nine**	[naɪn]
dieci	**ten**	[ten]
undici	**eleven**	[ɪ'levən]
dodici	**twelve**	[twelv]
tredici	**thirteen**	[ˌθɜ:'ti:n]
quattordici	**fourteen**	[ˌfɔ:'ti:n]
quindici	**fifteen**	[fɪf'ti:n]
sedici	**sixteen**	[sɪks'ti:n]
diciassette	**seventeen**	[ˌsevən'ti:n]
diciotto	**eighteen**	[ˌeɪ'ti:n]
diciannove	**nineteen**	[ˌnaɪn'ti:n]
venti	**twenty**	['twentɪ]
trenta	**thirty**	['θɜ:tɪ]
quaranta	**forty**	['fɔ:tɪ]
cinquanta	**fifty**	['fɪftɪ]
sessanta	**sixty**	['sɪkstɪ]
settanta	**seventy**	['sevəntɪ]
ottanta	**eighty**	['eɪtɪ]
novanta	**ninety**	['naɪntɪ]
cento	**one hundred**	[ˌwʌn 'hʌndrəd]

duecento	**two hundred**	[tu ˈhʌndrəd]
trecento	**three hundred**	[θri: ˈhʌndrəd]
quattrocento	**four hundred**	[ˌfɔ: ˈhʌndrəd]
cinquecento	**five hundred**	[ˌfaɪv ˈhʌndrəd]
seicento	**six hundred**	[sɪks ˈhʌndrəd]
settecento	**seven hundred**	[ˈsevən ˈhʌndrəd]
ottocento	**eight hundred**	[eɪt ˈhʌndrəd]
novecento	**nine hundred**	[ˌnaɪn ˈhʌndrəd]
mille	**one thousand**	[ˌwʌn ˈθaʊzənd]
diecimila	**ten thousand**	[ten ˈθaʊzənd]
centomila	**one hundred thousand**	[ˌwʌn ˈhʌndrəd ˈθaʊzənd]
milione (m)	**million**	[ˈmɪljən]
miliardo (m)	**billion**	[ˈbɪljən]

3. L'uomo. Membri della famiglia

uomo (m) (adulto maschio)	**man**	[mæn]
giovane (m)	**young man**	[jʌŋ mæn]
donna (f)	**woman**	[ˈwʊmən]
ragazza (f)	**girl, young woman**	[gɜ:l], [jʌŋ ˈwʊmən]
vecchio (m)	**old man**	[ˈəʊld ˌmæn]
vecchia (f)	**old woman**	[ˈəʊld ˌwʊmən]
madre (f)	**mother**	[ˈmʌðə(r)]
padre (m)	**father**	[ˈfɑ:ðə(r)]
figlio (m)	**son**	[sʌn]
figlia (f)	**daughter**	[ˈdɔ:tə(r)]
fratello (m)	**brother**	[ˈbrʌðə(r)]
sorella (f)	**sister**	[ˈsɪstə(r)]
genitori (m pl)	**parents**	[ˈpeərents]
bambino (m)	**child**	[tʃaɪld]
bambini (m pl)	**children**	[ˈtʃɪldrən]
matrigna (f)	**stepmother**	[ˈstepˌmʌðə(r)]
patrigno (m)	**stepfather**	[ˈstepˌfɑ:ðə(r)]
nonna (f)	**grandmother**	[ˈgrænˌmʌðə(r)]
nonno (m)	**grandfather**	[ˈgrændˌfɑ:ðə(r)]
nipote (m) (figlio di un figlio)	**grandson**	[ˈgrænsʌn]
nipote (f)	**granddaughter**	[ˈgrænˌdɔ:tə(r)]
nipoti (pl)	**grandchildren**	[ˈgrænˌtʃɪldrən]
zio (m)	**uncle**	[ˈʌŋkəl]
zia (f)	**aunt**	[ɑ:nt]
nipote (m) (figlio di un fratello)	**nephew**	[ˈnefju:]
nipote (f)	**niece**	[ni:s]

moglie (f)	**wife**	[waɪf]
marito (m)	**husband**	[ˈhʌzbənd]
sposato (agg)	**married**	[ˈmærɪd]
sposata (agg)	**married**	[ˈmærɪd]
vedova (f)	**widow**	[ˈwɪdəʊ]
vedovo (m)	**widower**	[ˈwɪdəʊə(r)]
nome (m)	**name, first name**	[neɪm], [ˈfɜːstˌneɪm]
cognome (m)	**surname, last name**	[ˈsɜːneɪm], [lɑːst neɪm]
parente (m)	**relative**	[ˈrelətɪv]
amico (m)	**friend**	[frend]
amicizia (f)	**friendship**	[ˈfrendʃɪp]
partner (m)	**partner**	[ˈpɑːtnə(r)]
capo (m), superiore (m)	**boss, superior**	[bɒs], [suːˈpɪərɪə(r)]
collega (m)	**colleague**	[ˈkɒliːg]
vicini (m pl)	**neighbors**	[ˈneɪbəz]

4. Corpo umano. Anatomia

corpo (m)	**body**	[ˈbɒdɪ]
cuore (m)	**heart**	[hɑːt]
sangue (m)	**blood**	[blʌd]
cervello (m)	**brain**	[breɪn]
osso (m)	**bone**	[bəʊn]
colonna (f) vertebrale	**spine, backbone**	[spaɪn], [ˈbækbəʊn]
costola (f)	**rib**	[rɪb]
polmoni (m pl)	**lungs**	[lʌŋz]
pelle (f)	**skin**	[skɪn]
testa (f)	**head**	[hed]
viso (m)	**face**	[feɪs]
naso (m)	**nose**	[nəʊz]
fronte (f)	**forehead**	[ˈfɔːhed]
guancia (f)	**cheek**	[tʃiːk]
bocca (f)	**mouth**	[maʊθ]
lingua (f)	**tongue**	[tʌŋ]
dente (m)	**tooth**	[tuːθ]
labbra (f pl)	**lips**	[lɪps]
mento (m)	**chin**	[tʃɪn]
orecchio (m)	**ear**	[ɪə(r)]
collo (m)	**neck**	[nek]
occhio (m)	**eye**	[aɪ]
pupilla (f)	**pupil**	[ˈpjuːpəl]
sopracciglio (m)	**eyebrow**	[ˈaɪbraʊ]
ciglio (m)	**eyelash**	[ˈaɪlæʃ]

capelli (m pl)	**hair**	[heə(r)]
pettinatura (f)	**hairstyle**	['heəstaıl]
baffi (m pl)	**mustache**	['mʌstæʃ]
barba (f)	**beard**	[bıəd]
portare (~ la barba, ecc.)	**to have** (vt)	[tə hæv]
calvo (agg)	**bald**	[bɔːld]
mano (f)	**hand**	[hænd]
braccio (m)	**arm**	[ɑːm]
dito (m)	**finger**	['fıŋgə(r)]
unghia (f)	**nail**	[neıl]
palmo (m)	**palm**	[pɑːm]
spalla (f)	**shoulder**	['ʃəʊldə(r)]
gamba (f)	**leg**	[leg]
ginocchio (m)	**knee**	[niː]
tallone (m)	**heel**	[hiːl]
schiena (f)	**back**	[bæk]

5. Abbigliamento. Accessori personali

vestiti (m pl)	**clothes**	[kləʊðz]
cappotto (m)	**coat, overcoat**	[kəʊt], ['əʊvəkəʊt]
pelliccia (f)	**fur coat**	['fɜː ˌkəʊt]
giubbotto (m), giaccha (f)	**jacket**	['dʒækıt]
impermeabile (m)	**raincoat**	['reınkəʊt]
camicia (f)	**shirt**	[ʃɜːt]
pantaloni (m pl)	**pants**	[pænts]
giacca (f) (~ di tweed)	**jacket**	['dʒækıt]
abito (m) da uomo	**suit**	[suːt]
abito (m)	**dress**	[dres]
gonna (f)	**skirt**	[skɜːt]
maglietta (f)	**T-shirt**	['tiː ʃɜːt]
accappatoio (m)	**bathrobe**	['bɑːθrəʊb]
pigiama (m)	**pajamas**	[pə'dʒɑːməz]
tuta (f) da lavoro	**workwear**	[wɜːkweə(r)]
biancheria (f) intima	**underwear**	['ʌndəweə(r)]
calzini (m pl)	**socks**	[sɒks]
reggiseno (m)	**bra**	[brɑː]
collant (m)	**pantyhose**	['pæntıhəʊz]
calze (f pl)	**stockings**	['stɒkıŋz]
costume (m) da bagno	**bathing suit**	['beıðıŋ suːt]
cappello (m)	**hat**	[hæt]
calzature (f pl)	**footwear**	['fʊtweə(r)]
stivali (m pl)	**boots**	[buːts]
tacco (m)	**heel**	[hiːl]

laccio (m)	**shoestring**	[ˈʃuːstrɪŋ]
lucido (m) per le scarpe	**shoe polish**	[ʃuː ˈpɒlɪʃ]
guanti (m pl)	**gloves**	[glʌvz]
manopole (f pl)	**mittens**	[ˈmɪtənz]
sciarpa (f)	**scarf**	[skɑːf]
occhiali (m pl)	**glasses**	[ˈglɑːsɪz]
ombrello (m)	**umbrella**	[ʌmˈbrelə]
cravatta (f)	**tie**	[taɪ]
fazzoletto (m)	**handkerchief**	[ˈhæŋkətʃɪf]
pettine (m)	**comb**	[kəʊm]
spazzola (f) per capelli	**hairbrush**	[ˈheəbrʌʃ]
fibbia (f)	**buckle**	[ˈbʌkəl]
cintura (f)	**belt**	[belt]
borsetta (f)	**purse**	[pɜːs]

6. Casa. Appartamento

appartamento (m)	**apartment**	[əˈpɑːtmənt]
camera (f), stanza (f)	**room**	[rʊːm]
camera (f) da letto	**bedroom**	[ˈbedrʊm]
sala (f) da pranzo	**dining room**	[ˈdaɪnɪŋ rʊm]
salotto (m)	**living room**	[ˈlɪvɪŋ ruːm]
studio (m)	**study**	[ˈstʌdɪ]
ingresso (m)	**entry room**	[ˈentrɪ ruːm]
bagno (m)	**bathroom**	[ˈbɑːθrʊm]
gabinetto (m)	**half bath**	[hɑːf bɑːθ]
aspirapolvere (m)	**vacuum cleaner**	[ˈvækjʊəm ˈkliːnə(r)]
frettazzo (m)	**mop**	[mɒp]
strofinaccio (m)	**dust cloth**	[dʌst klɒθ]
scopa (f)	**broom**	[bruːm]
paletta (f)	**dustpan**	[ˈdʌstpæn]
mobili (m pl)	**furniture**	[ˈfɜːnɪtʃə(r)]
tavolo (m)	**table**	[ˈteɪbəl]
sedia (f)	**chair**	[tʃeə(r)]
poltrona (f)	**armchair**	[ˈɑːmtʃeə(r)]
specchio (m)	**mirror**	[ˈmɪrə(r)]
tappeto (m)	**carpet**	[ˈkɑːpɪt]
camino (m)	**fireplace**	[ˈfaɪəpleɪs]
tende (f pl)	**drapes**	[dreɪps]
lampada (f) da tavolo	**table lamp**	[ˈteɪbəl læmp]
lampadario (m)	**chandelier**	[ʃændəˈlɪə(r)]
cucina (f)	**kitchen**	[ˈkɪtʃɪn]
fornello (m) a gas	**gas stove**	[ˈgæs stəʊv]

fornello (m) elettrico	**electric stove**	[ɪ'lektrɪk stəʊv]
forno (m) a microonde	**microwave oven**	['maɪkrəweɪv 'ʌvən]
frigorifero (m)	**fridge**	[frɪdʒ]
congelatore (m)	**freezer**	['fri:zə(r)]
lavastoviglie (f)	**dishwasher**	['dɪʃˌwɒʃə(r)]
rubinetto (m)	**faucet**	['fɔ:sɪt]
tritacarne (m)	**meat grinder**	[mi:t 'graɪndə(r)]
spremifrutta (m)	**juicer**	['dʒu:sə]
tostapane (m)	**toaster**	['təʊstə(r)]
mixer (m)	**mixer**	['mɪksə(r)]
macchina (f) da caffè	**coffee machine**	['kɒfɪ mə'ʃi:n]
bollitore (m)	**kettle**	['ketəl]
teiera (f)	**teapot**	['ti:pɒt]
televisore (m)	**TV set**	[ˌti:'vi: set]
videoregistratore (m)	**video, VCR**	['vɪdɪəʊ], [ˌvi:si:'ɑ:(r)]
ferro (m) da stiro	**iron**	['aɪrən]
telefono (m)	**telephone**	['telɪfəʊn]

www.ingramcontent.com/pod-product-compliance
Lightning Source LLC
Chambersburg PA
CBHW071506070426
42452CB00041B/2333